Verissimum mendacium

Manuel Martínez-Forega

Verissimum mendacium

Celebración de la ocurrencia

PREGUNTA

Primera edición: enero de 2025

info@preguntaediciones.com
www.preguntaediciones.com

ISBN: 978-84-19766-62-5
Depósito legal: Z-108-2025

Printed in Spain. Impreso en España por Estilo Estugraf Impresores

El amor

En el amor, la infidelidad o los celos son sólo arrebatos del mal perdedor sentimental o del amador-patrón esclavista. En cambio, son las decepciones las que, como la gota de agua que horada poco a poco la roca, van golpeando el corazón inadvertido, confiado y leal. Al final, la gota termina por abrir un hueco, un vacío: el albañal por el que el amor finalmente se precipita. Las decepciones, las decepciones de la confianza mutua.

Los tres fundamentos que sustentan el amor sin condiciones son la libertad primero (libertad para amar sin exigencia); la confianza plena que disipa cualquier sombra de duda convencional; y, finalmente, sinceridad en la entrega del cuerpo y del alma, que es la mejor prueba de que el amor triunfa cada día.

El amor fundado en el instinto compartido de los bellos corazones representa la antítesis de aquellos seres que se hacinan en los lechos morales de la procreación sin gusto.

Odiseo, henchido de saberes, regresó de su *fatum* al dintel del *fanum* de un templo personal y lo franqueó: eligió la casa reconocible, la esposa tejedora, el hijo, el perro, el rebaño y su guardián. Regresó al saber modesto de un arco indomable que, junto a Penélope, todo lo sostenía.

En el amor, el deseo domina la vida espiritual del amante hasta el punto de conseguir que desdeñe los datos que le proporciona la realidad.

En la cosmogonía griega, el amor con todos sus componentes (pasión, celos, dolor, muerte...) proyecta un mundo de contradicciones basado en las guerras de dominación helénicas, que lleva a dioses y a héroes a tomar partido por una u otra de las tres grandes ciudades griegas enfrentadas: Troya, Atenas y Esparta. Así, el amor de Paris y Helena provocó la destrucción de Troya, dividió a Gea, Atenea y Afrodita, fue consecuencia del sacrificio de Ifigenia, de la muerte de Oenona, de la de Deifobo y de las muertes de Paris y Helena...

Fue Safo quien primero opuso a los modelos patriarcales de Homero la palabra de la mujer que ama, identificándose con ella o desdoblándose en ella, sin supeditarse al ser amado; antes al contrario, abandonándose activamente a los sentidos desde la experiencia individual, interior y desprejuzgada.

El amor no basta para amar si no deja en el tímpano un verbo; en los ojos un hechizo; en las manos una promesa; en los labios una hoguera. Y en ambos por igual: el aroma de una niebla que confunde sus perfiles mientras canta un pájaro en sus sienes.

Hay quien prefiere el amor entendido como materia ilustrativa de sapiencia y no como mero instinto, o, lo que es lo mismo, como intento de revelación de lo que está en el otro, de su misterio, de su quién es y qué guarda o rehúye.

Dice Sócrates en *El banquete* platónico: «El amor... es apasionado por la sabiduría, que es buena y bella por excelencia, no siendo bastante sabio para poseerla ni bastante ignorante para creer que la posee. Su objetivo, en último análisis, es lo bello y lo bueno». De esto se desprende que el amor lo es primordialmente por pensado y no por real. Lo cual es lo mismo que decir que la realidad es algo secundario, existente, pero no reproducido de modo análogo en la mente del hombre.

Si el amor alguna vez muestra un ápice de cordura, ésta residirá en el ineludible deber de vencer el tedio, de derrotar el monótono decurso del «te quiero».

¿Por qué el amor no puede construir una estética del placer fundada en la independencia ética y participar así de su optimismo, de una especie de íntimo misticismo que no rehúya la exaltada frivolidad y armonice en comunión dichosa placer y trascendencia, osadía y redención?

¿Cuándo el amor quedará tendido chorreando corazones en la noche?

Muerto de amor: ¡dad viento a la pluma! ¡Sorbed la sangre del varón herido! Estará en esa hora penetrando la tiniebla.

Cuando los sentidos se enlazan con el orbe natural de las palabras, el amor se vuelve vívido, sensual, abarrotado de aromas y de ritmos, mientras que el cuerpo que existe en él se pronuncia carnal en todos sus grados de desinhibición o de pudor.

El amor quiere ser permanente carne enamorada y eterna mirada palpitante.

La poesía

Si te miro, veo la luz; si te veo, me ciegas.

Sólo vemos si sabemos mirar.

Transformar el mundo en templo, en liturgia la palabra y el poema en rito.

Saber trasladar a nuestro entorno la cárdena melancolía advertida en el dolor de unas ojeras.

Verter perlas sobre el mundo (como las que dicen bebió Cleopatra disueltas en vinagre) semejantes a las lágrimas de la fatalidad.

Mirar a través de esmeraldas a modo de lente distorsionante como émulo de Nerón, que así contemplaba —dice Plinio— el trágico escenario de los circos.

Un poema no puede reducirse a su solo contenido ontológico; es necesario comprender en qué sentido se mueve su dialéctica, la cual, por otra parte, no deberá estar sujeta a la categoría de la fe.

En su peregrinación, la poesía constituye un magno intento por obtener el secreto y descubrir el carácter metafísico de la realidad diaria.

Lo que sólo el alma es capaz de comprender es el misterio de la poesía, que, a su vez, es su redención.

Lo trascendental, lo eterno, lo sobrenatural, lo sublime, lo absoluto...; es decir, la Poesía.

El rito verbal de la poesía, rendido a la lengua de la imaginación, es el filtro estético que estiliza la fuente clara, la fuente sana de la vida, de la pluralidad emocional cuyo centro se sitúa, por fin, en la intransferible cualidad de *ser*.

La poesía se expresa donde los demás géneros guardan silencio, donde callan.

La poesía se expresa con la lengua del instinto, su palabra surge de lo más profundo de la tierra y aspira siempre a ocupar el espacio reservado a las estrellas.

La poesía es una permanente epifanía, una constante revelación que se funda principalmente en la morfología, la imaginación y la fantasía.

Cuando el lenguaje parece haber alcanzado su límite significador asomado al abismo del más irremplazable silencio, allí donde toda palabra se diluye en el magma de la nada semántica, allí mismo surge la poesía.

La poesía es un benéfico *electroshock*, un desfibrilador, un baño en las aguas de cada río, el cruce a su otra orilla. La poesía cura, pero mata a veces; mata.

La poesía debe imperativamente difuminar, borrar los límites de sus nomenclaturas estéticas coyunturales. A la poesía le compete la epistemología; al poeta, descifrarla y fijarla.

En general, la poesía escrita durante los últimos treinta años en España apenas resiste un análisis escolar. Famélica en su diversidad y adornándose de reiteraciones hasta caer en el abismo de la analogía, indistinta, pero brutalmente mediática. Hoy casi da lo mismo leer a Perico de los Palotes que a Pero Grullo. (Y la abuela sigue fumando).

Apresar el tiempo sólo es posible mediante su relativización, y para ello es necesaria una epifanía verbal: por ejemplo, la poesía.

En la tensión entre lo que es (o se es) y lo que puede ser (o se puede ser) radica la verdadera «posibilidad» de la poesía: la capacidad de que la «mentira» sea por fin una verdad irrefutable, irrefutablemente poética.

Toda obra poética ha de revelarnos el brillo de lo que el polvo de su materia formal oculta.

Una obra poética ha de adueñarse de la palabra para emanciparse de las ataduras impuestas por la inocencia empírica y, más que nada, para romper la celosía de la razón.

En la poesía, el lenguaje de la escisión, la reiterativa presencia de un ego en el otro y en los otros resulta ser síntoma de una solidaridad que exige ser pensada por el lector para revelarse, pero que, además de resultar inequívoca, también está resuelta para rebelarse.

La palabra poética no es neurótica; la palabra poética no es oblicua, sino que ha de calcular la trascendencia de su gesto hasta hacerse cargo de que su prosecución no debe señalarnos ningún límite, sino superar lo que nos es dado conocer.

El reconocimiento de la realidad constituye la respuesta que la poesía da a la expectativa de quienes encuentran en la palabra un ejercicio colectivo, un concepto que supera por fin lo individual para inscribirse en lo común compartido.

El paso de la diacronía experimental —la experiencia de vida— al plano de la escritura, en lo que a la poesía incumbe, sólo accede a la categoría empírica cuando se es consciente de su valor estético.

La poesía es también un medio de acción.

Sería necesario recordar de vez en cuando que la poesía es una disciplina concebida como un hecho armónico en el que han de confluir el lenguaje, el ritmo musical y la inteligencia léxica selectiva.

La poesía es una suerte de *summa realitas* y de *summa fictio*. Lo «absoluto» y lo «sublime», como respectivamente concebían Wilde y Baudelaire y que Virgilio anticipó como un *totum*: *Res omnia poesis est*.

La poesía lo ocupa todo: la materia física y la sustancia psíquica. Se sirve de la experiencia propia; de la materia viva que avanza hacia su caducidad final; de la materia viva microbiológica que termina identificándose, inadvertidamente, con la macrobiología de la vida.

La percepción de la naturaleza vertida en un ejercicio poético irradia tanto hacia un interior espiritual como hacia el exterior de una materia rescatada de su inmovilidad, la cual adquiere movimiento por su firme adherencia a los sentidos en sus distintas gradaciones.

Me trajeron de la nada para tomar conciencia de ella y temerla.

El poeta

El poeta invocará una inspiración libre, un *impetus sacer* no sujeto a reglas; las emociones no las halla la razón, sino la inspiración a través del genio, y éste es atributo del poeta.

En el fondo de sus versos el poeta trasluce una naturaleza en movimiento, cotidiana y próxima, pero rescatada de su futilidad. Esa naturaleza forma parte de él, existe en él, y a la vez que él.

En el poeta siempre se vislumbra un lúcido hechizo corolado por un ser visionario que casi hipnóticamente se proyecta en el oscuro espejo de la muerte cuyo azogue es, sí, la vida.

La inspiración es finalmente la luz reveladora del misterio. Sólo dotado de esta facultad el poeta —que lo es por poseerla— podrá desvelar el arcano de la poesía. En él reside un alma.

(Lejos de la hipérbole): la creación poética se convierte en una tarea sublime. La confianza del poeta en su poder revelador le otorga una significación divina; su arrogancia lo dota de la suficiente osadía para compararse a ese poder sagrado al que desafía fundado en la confianza deífica de su tarea y, en consecuencia, en una conducta insurgente.

La palabra es la emoción, el sentimiento, la idea y el pensamiento, la sabiduría y la inteligencia derramados por el poeta en el crisol fundidor de la poesía.

Eterna es esa soledad habitada por los seres de la poesía: un ámbito nebuloso, envuelto en el misterio, el espacio donde mejor se instala la inspiración y la imaginación despierta.

La soledad del poeta no es solo condición, sino —en su sentido etimológico— drama. Se trata de una soledad en tensión, activa, indagadora, donde bulle su alma. El poeta «actúa», «hace»; es la soledad del creador, del demiurgo, una soledad divina.

Todo espíritu poético aspira a agotar lo posible, a hacer retroceder poco a poco el umbral de lo definitivo, de lo imposible.

El poeta tiene la permanente sospecha de que le falta un sentido, y este rasgo es precisamente el que lo especializa: su búsqueda.

El sensualismo del poeta está siempre en alerta: visionario, táctil, degustador, oyente y aromático. Sin embargo, su inadvertencia lo sumerge en rumores de amenazadores silencios, o en rincones de sombras, o suspendido sobre un clamor profundo y enorme. Es entonces cuando todo cobra sentido.

El poeta persigue definitivamente ser el hombre en todos los hombres; ser divino en todos los dioses; ser naturaleza en cada fragmento de vida; ser, por fin, un todo en cada cosa. Obtenerlo no se sustenta sólo en un deseo: es convicción misma.

Se identifica a veces el escritor con un dios que a sí mismo se envuelve en la seducción de la inteligencia instintiva (como Juan Ramón Jiménez) y el aniquilamiento, en el misticismo y en el triunfo sobre la muerte (como Leon Tolstói), en el talento que le es proporcionado por la conciencia de su desértica libertad (como Tristan Tzara); por eso el escritor siempre es a sí mismo a quien invoca e interpela cuando a un dios invoca o interpela.

Una cabal conciencia antropológica y una digna desmesura ontológica (la armónica asunción de ambas) constituyen dos de los principios que hacen al poeta serlo por encima de cualquier otra contingencia.

El poeta estará siempre en guardia para apropiarse de todo aquello que se desliza por los límites de la luz.

El poeta que se entrega a la expiación verbal, absorto por el mismo dolor o dicha de la palabra hecha carne poética, puede comprender y asimilar su comunión con la verdadera experiencia.

La capacidad de asombro (*thaumázein*) es el acto primordial y rasgo identificador del poeta y del filósofo. Lo dice Platón en su *Tecteto* (y yo le creo).

El poeta ha de estar dotado de, al menos, dos conocimientos: el que abre de par en par la puerta de la desolación y el que de un portazo la cierra con la mano urgente del talento sensible.

Anudar la mirada altiva a la pausáda serenidad de la voz; quizá un poeta lo sea si así escribe.

El pensamiento introspectivo del poeta debe ir subjetivando la existencia de manera pura y clásicamente lírica hasta desnudar y finalmente diluir a un Yo obstinado en permanecer.

El testimonio desnudo del poeta entregándose a la parte más íntima del mundo que lo acoge representa su rasgo más radicalmente ecuménico, pues lo universal reside sin ninguna duda en lo profundamente personal.

La vida, la sociedad, el ser

El gratificante regalo bienhechor de la palabra que exulte todo su gigantesco poder e-vocativo, o pagano, mistérico siempre. La lectura nos comunica intensos hallazgos de la pasión, una conquista temporal, transitoria y el anuncio de que descubriremos tantos territorios ignorados. ¡Ah! La lectura, la lectura...

El sentimiento de soledad es consecuencia inequívoca del contraste entre nuestra efímera existencia y la infinitud abrumadora del tiempo.

La conciencia de su brevedad es precisamente la que otorga a los logros de nuestra existencia el carácter de satisfactoria conquista.

¿Y esa asepsia estoica, escéptica, que confunde, pero que evidencia al mismo tiempo el profundo conocimiento del dolor?

En todo ser humano reside una conciencia de destino, la incertidumbre del albur de la que se nutren (con más frecuencia de la que desea) la decepción y el pesar. Esta conciencia básica impresa en su código genético es la que construye su anhelo por evadirse de la realidad.

Todo ser humano posee esa parte *maudite* en la que se manifiesta más el instinto que la razón; más el héroe que el siervo; más la conciencia que la disciplina; más la justicia que la obediencia.

Llegará el otoño con los fantasmas vítreos de la decadencia y de la decrepitud que sobrevuelan el vértigo del vacío, de la efimeridad, de la nada.

La memoria es la atalaya del tiempo vivido. Lo por vivir se fundará en lo vivido.

La vida nos transfiere un sentido de extensión cronológica mientras que la existencia (esa conciencia de realidad) lo transfiere de intensión experiencial.

El verdadero intelectual es aquel en quien reside la voluntad, la capacidad y la libertad de retener la copiosa diversidad de todo lo que el azar y su propio espíritu selectivo le proporcionan.

La realidad de las bajas pasiones humanas obedece a su necesidad, una necesidad consustancial al ser humano.

El carácter humano reside en su ilimitada universalidad; la universalidad ejercida por el hombre puro, vivo y animado que renueve cada día la idea central de un humanismo sin prejuicios e inviolable.

La vida triunfa cuando se aventura por sus confines extremos: será más vulnerable a la vez que más fuerte; desnuda o elocuente; arrogante y modesta; alegre y abúlica; sensual y lógica. Pero erguida siempre ante un horizonte de permanencia, signo inalterable de su ascensión a un deseo de contradictoria firmeza contra la amenaza del vacío.

El profundo significado de las cosas y de los seres no se urde en el Olimpo, no por medio de su ideario y fábrica divinos, sino en el jardín del edén terrenal, con sus rosas frías y sus turgentes uvas, en la conciencia de la revelación personal de estar destinados también para gozar.

La libertad carece de tipos, de especies. La libertad es un concepto absoluto que no admite matices salvo desde una perspectiva miope y determinista siempre ligada a intereses parciales abstractos y espurios, fundamentalmente religiosos, políticos o económicos.

La búsqueda de un espíritu individual capaz y capacitado para emprender un camino nuevo, capaz de liderar un orden nuevo, capaz de arrojarse sin prejuicios y sin temores al abismo de su encuentro es la fuerza que ha de anidar en el procomún social. Éste es su valor compartido y, en resumen, su permanente demanda: un espíritu que dé sentido al ambiguo contenido de libertad y que la dote de verdadero y unívoco significado.

El hombre educado en la tiranía de la razón heredada de una formación escolástica, debe, por ello mismo, rebelarse contra el modelo social que él mismo representa: el delineado por una doctrina que trata de abolir su capacidad sensual y le impide experimentar con sus elementos sensitivos —igualmente humanos— residentes más allá de la disciplina lógica. La vida es, también, instinto en acción.

Todo lo que escapa a la simple razón, al dominio regular del hombre, produce miedo e incertidumbre.

La realidad se encuentra muchas veces en los sueños, en la exégesis de todo lo que, siéndonos en apariencia ajeno, nos formó y nos habita.

Los actuales síntomas sociales de soledad y hastío entrañan, en su propia manifestación, la necesidad de acoger el dolor del otro, un *páthos* común como actitud básica para enfocar la ubicación espiritual del ser humano.

Las pantallas digitales de información y acción reticulares (videojuegos, plataformas, aplicaciones, buscadores...) no son sino el lado oscuro, el azogue del espejo donde se refleja nuestro actual papel como seres humanos sobrepasados por la incertidumbre.

Las circunstancias retóricas (es decir, las circunstancias políticas, las informativas, las «sociales» y laborales) a las que una persona se encuentra diariamente sometida, se educan; deberían estar sujetas a una educación moral básica de acuerdo con la cual la razón debería prevalecer siempre sobre la norma, pues la norma la modela la razón. Sin embargo, nuestra experiencia abunda en lo contrario y es la norma la que se impone a la razón.

Toda creación puede resultar pueril cuando está sometida a la amenaza de la muerte antinatural de una guerra; una muerte que siega la vida contra natura, por decisión distinta a las congénitas leyes del azar.

Un ánimo sensible y entrañado en su capacidad creadora no admite como azarosa una guerra, pues ésta se diseña en un contexto de confrontación de intereses planificados por y sometidos a una razón interesadamente destructora.

En lo que a la belleza concierne, lo efímero es lo eterno. Permanece lo efímero porque es el instante —y en ello mucho tiene que ver el instinto— lo que vive eternamente.

La fe en la razón pertenece al abstracto común de la naturaleza humana mientras que el placer, la euritmia, el embaimiento estético pertenecen a la conciencia individual.

El miedo es una percepción de la experiencia consciente, pero es, además, atributo de una conciencia inteligente y penetradora y tiene un sentido redentor completamente alejado del patetismo.

La edad y el tiempo que esculpen un cuerpo como sombra, sombra autónoma de ese otro cuerpo tangible que nos contiene, constituyen la abismación dramática y redundante connatural al ser humano expresada en la duda constante no del qué, sino del cuándo.

La capacidad reflexiva e inteligente del hombre no es sólo la preventiva síntesis de su conocimiento del dolor o del placer, sino la más cercana convicción y certeza de que el ser humano es esa sombra primordial, la sombra del miedo que ocultamos o tras la que nos ocultamos.

La acuciante incertidumbre que despierta el afán por conocer representa el convencimiento que pone en evidencia la certeza de que existe un mundo invisible, un misterio de la vida. Alcanzar esa certeza es una tarea estrictamente personal y solitaria.

La ilusión engañosa de los sentidos es susceptible de ser descifrada no por la incredulidad o por la negación categórica, sino por la convicción de su tangibilidad hasta instituir lo espiritual e invisible como determinantes de lo presente y externo.

Por lo general solemos adoptar, con pretextos más o menos naturales, una existencia familiarmente extraña sin reparar en su aneja petulancia, lo cual la convierte en una existencia deplorable y vulgar.

Al rechazar su propia presencia, se muestra, de golpe, como un ser que lo es todo en nada: no ser sino otro, y no serlo más que por una resolución voluntaria, disciplinada, siempre ficticia, artificial. Tal es la estrategia del misántropo.

(El yo otro). Ser consciente del propio engaño sólo persigue mantener incólume la verdad de una conversión fingidora que rechace nuestra condición natural, nuestro carácter original; semejante actitud manifiesta, más que la disuasión, la necesidad de ser uno mismo fingiendo que dejamos de serlo.

La naturaleza emocional es siempre subjetiva: se aleja de la caracterización de una verdad exterior para constituir y revelar una convicción íntima que se expresa en el silencio de nuestros sentidos y no en el silencio del sentido de la realidad externa. Esa naturaleza sensual es asimismo la voz de nuestra interioridad: nuestro tesoro más valioso.

Nos identificamos inequívocamente con quien somos cuando nos abandonamos al sueño fecundo que nos dictan esas eutrapelias oníricamente fantásticas, surreales, y, en virtud de las cualidades que poseen por sí mismas, sólo pertenecen a quien las *vive*.

La clase política ha suplantado a la antigua aristocracia; el lenguaje político se ha adueñado de la expresión social y de sus medios. Es imperativo un regreso al egoísmo positivo y etimológico, como voluntad de ser de una inteligencia sobrepuesta a la influencia del medio, a la influencia del medio social impuesto por la praxis del Estado.

La memoria, en cuanto que es consciente, adopta la forma serena y decidida de la palabra que recuerda, extrae, enhebra, espiga y herboriza lo que ha sido una vida. Pero recordar no es vivir dos veces; recordar es redactar nuestro epitafio.

El sustrato poético que reposa en cada persona hace que aquél descienda hasta o se ice sobre los reconocidos estigmas de los aconteceres que se renuevan en nuestras vidas, y éstos son, esencialmente, el amor, los sueños, la memoria, el dolor y la muerte.

¿Cómo poner en orden el misterio de la escisión? Fijando el alma en un mito propio para revelarla y, revelándola en palabra, exorcizar la aparición del *otro* que nos vive y tanto nos dicta.

El auténtico héroe es el suicida. Pero este héroe es cualquiera, es el héroe anónimo por excelencia.

El suicida encarna la capacidad del individuo para enfrentarse a las sombras, a la desaparición, por cuanto el suicidio es el único acto de libertad individual plena.

El suicidio, cuando no es consecuencia de una patogénesis, subraya y reclama el derecho a la libertad individual extrema o única posible e inalienable dentro de un sistema de represión moral o de hartazgo social.

Por mucho que alentemos nuestro acervo de conocimientos no somos sino el medio de su simulación, espacio de tránsito, viaje en busca de un saber verdadero que dé sentido a la búsqueda. Si no lo creemos así, sólo seremos modelos de un engreimiento impostor.

Solemos ser incapaces de encontrar en nuestro prójimo otro valor que no sea su pura seducción exterior —una especie de forma simple— y nos olvidamos de que el verdadero atractivo reside en su complejidad interior.

Existen metáforas cuyo significado se amplía al trasladarse a un ámbito donde su imagen se identifica con algún rasgo vital y se la desposee de su atribución retórica para ser una, material y ecuménica, y constituir una certeza en sí misma. Así ocurre, por ejemplo, con el río como metáfora de la vida.

El hastío agrede al tiempo en esas horas sustraídas a la actividad convencional o invertidas en un ocio activo o aparentemente activo. Pero ¿por qué esta benéfica sustracción de la realidad la interpretamos como un exceso dramático?

Del reconocimiento puro, sencillo y natural de cada edad; desde esta serenidad deriva muy probablemente la permanente convicción de aumentar la belleza y el valor de la vida.

Cobrarle al tiempo las deudas no es rebelarse contra él, sino revelarse en la verdadera dimensión que hemos adquirido como seres sensibles; o sea, en ser progresivamente conscientes de que el tiempo no nos ha hecho como muy probablemente quiso que fuéramos, sino, sencillamente, diferentes, distintos, otros.

Ser consciente de estar vivo es lo que propicia nuestra capacidad receptiva hasta el extremo de lo posible, hasta convertir en deleble lo indeleble por efecto de nuestra experiencia sensible, la cual exige ser inequívocamente antagónica de lo anecdótico.

Esos breves momentos en que advertimos el tiempo como un tránsito indiferente por las cosas, por los seres...

Los elementos conformadores y a la vez deformadores de la sociedad de mercado han de examinarse en su doble vertiente formal y semántica; es decir, en la crítica a la forma (la publicidad) y en la expresión neta del vacío vital, del abismo existencial que esa forma abre a los pies del ser humano en cuanto que es humano.

La pulsión escéptica del futuro en el presente se manifiesta en la percepción del tiempo convencional y se debe al frenesí consecutivo del tiempo psicológico. Es decir, cuanto mayor es el tiempo convencional, más se acelera el tiempo psicológico.

Existe en cada ser humano una movilización interior, inmanente, capaz de reconocer en la memoria un material altamente sensible para seguir vivo, también para vivir, e, incluso, para crear.

A veces la memoria se adentra con frenesí en la dulzura que, arrebatadamente, sólo el ingenuo afán de conquista de lo desconocido u olvidado es capaz de conceder.

Hoy domina en el discurso político una pretensión de sinceridad a la que se dota de sentido moral como testimonio y justificación de cualquier situación social. Esa pretensión es falsa y vulgar precisamente por ser política.

La jerarquía y la notoriedad de los nacionalismos actuales en España se han impuesto no porque en puridad las ostenten, sino por el arqueo de caja político, estrictamente político, y sustentado en sus estrategias mediáticas y en su usura económica.

El actual estado de desequilibrio económico y social entre territorios es el resultado de políticas privilegiadoras basadas en la «injusticia» distributiva de la riqueza moralmente sancionada desde su origen por la Transición.

El imparable ascenso de las comunidades enriquecidas a costa de políticas inversoras injustas y de la fuerza de trabajo exógena (procedente de la España rural) propicia la exigencia onfálica de mantener sus estatus económicos a partir de proclamas políticas de segregación. Los intranacionalismos se apoyan en ilegítimos e hiperbólicos fundamentos de diferenciación étnica o supremacista.

El concepto de *carpe diem* representa la ilustración irreprochable de la percepción psíquica del tiempo como un factor inaprehensible, el cual da cuenta de la certeza inexorable de nuestra decadencia y desaparición como seres sensibles.

No nos importa morir, sino dejar de sentir, incluso aunque este sensualismo nos sitúe en la inexorable y «horrible» decrepitud.

La esencia de nuestro ser es ese misterio que llamamos Yo, el hálito celeste, superior a todos, que se revela en el ser humano.

En la infancia todo es revelación porque domina el afán de conocimiento. Es esa edad en la que todo lo viejo es nuevo, todo lo dicho inaudito y todo lo escrito inédito.

La actitud fundamental del espíritu humano consiste en interpelarse sobre el objeto de la vida y de la muerte, de su papel individual frente al mundo, de la causalidad última del drama y de la dicha. Pero tal actitud es también el camino para obtener el secreto y descubrir el carácter metafísico de la realidad diaria y de todo aquello que nos impele a rechazarla.

La materialidad de las cosas y su orden rutinario crean el perfecto marco de un espacio propicio a la abstracción reparadora que desordena el pensamiento o que reflexiona con desorden.

El mismo sensualismo en el tratamiento de la naturaleza existe y se manifiesta tanto en la civilización romana como en la poesía primitiva china (Li-po —o Li-Bai—) o japonesa (Kokinshu), e incluso en los serendipias medievales de Sri Lanka (Jursan Amir) o en los paraísos terrenales de El Hafiz. Existe, pues, una conciencia colectiva que desde tiempos lejanos nos identifica a los seres humanos simbólica y emocionalmente, y uno de sus rasgos es la analogía expresiva respecto al tratamiento sensual de la naturaleza.

Todo ser vivo, cuando muere, es implícitamente un iniciado en la muerte, de cuyo rito nada nos dice. Los vivos quedamos para imaginarlo. Éste es el origen de todas las confesiones que creen en el más allá.

Ése que llamamos «espíritu» no es más que un bu, sombra extraída de otro y creada para sí según un procedimiento inverso que va desde el exterior hacia el interior. No es una entidad introspectiva, sino extraspectiva.

No hay memoria sin olvido.

Como la tierra, también el corazón guarda lugares desiertos, despoblados donde el vacío siente la honda necesidad de comprender la esclavitud infinita de las estrellas.

La memoria del ser querido que ha marchado es ese perpetuo relámpago de sus cenizas.

La impaciencia se apodera del ser humano cuando ignora su futuro, pero si presiente lo que ignora esa impaciencia se convierte en angustia.

Sólo a los dioses les es dado poner en duda las virtudes de los hombres, por eso los sumen en su sino (en su sí/no): en una constante incertidumbre, en una permanente ambitendencia: por eso, cuanto más nos elevamos, mayor debe ser la profundidad de nuestros cimientos.

Todo destino, en el sentido de *fatum*, carece de conciencia, y éste constituye precisamente el fundamento de su veracidad.

El destino es una suerte de reflexión cuya imagen dinámica no se refleja en el espejo, sino que actúa desde la película de cobre y estaño que hace al espejo ser espejo: una construcción luminosa levantada sobre sus más oscuros cimientos.

La conciencia del ser humano no es una conciencia de la vida (aunque también), sino una conciencia de la muerte, y toda habilitación que suponga un trastrueque de la una por la otra no entraña más que un entretenimiento de la certeza final.

Llegamos al mundo para iniciar un viaje —así decían los clásicos. Pero la vida misma, la diversa existencia, es más que un viaje: es el viaje de los viajes, de origen bien conocido y de destino cierto, pese a ser de futuro impreciso. Incertidumbre que propicia a veces que ese destino final sea imperativo encontrarlo en el viaje mismo.

El exacerbado pragmatismo contemporáneo nos ha arrebatado esa memoria que renueva el misterio antiguo y venerable de la humanidad y de sus primitivos dioses: la primavera, el amor, la felicidad, la fecundidad, la salud, la alegría, el ritual festivo de los solsticios...

La memoria es el diario de la vida; el recuerdo es el principio activo de su lectura.

El lenguaje, la forma, el arte, la estética

Puesto que la posee, la palabra ha de aspirar a expresarse con la eminencia de lo que vive eternamente.

La escritura ha de ser definitivamente la brillante síntesis de la experiencia, de una existencia arrebatadoramente viva.

La vago, lo nebuloso, lo inefable, ese ideal de lo absoluto oculto en su propio misterio, el anhelo de transir el velo de lo desconocido..., sólo puede llevarse a cabo por medio del lenguaje poético.

El contenido esencial de las formas, no las formas; o sea, la exterioridad constituye —en el examen de toda manifestación estética— el pretexto para el desarrollo de una exégesis de la interioridad.

En el tratamiento de las figuras dramáticas o dolientes, la ironía no deja de ser una forma de estoicismo.

Una obra de arte (lo que los neoplatónicos llamaban «mentira» —*pseûdos*—) necesita justificarse por su sentido, por su contenido no natural.

La obra de arte, como realidad ejemplar, ha de remitirse a un conocimiento específicamente simbólico que le otorgue su mínimo sentido propio.

El ser humano crea; tiene no la necesidad, sino la obligación de crear para consumar su propia existencia.

Todo éxtasis es antes que nada conocimiento. Sólo así entendido el instante de la contemplación suprema conducirá a la hipótesis de lo absoluto.

Toda actividad artística ha de perseguir un estilo; es el estilo el único factor que singulariza, que caracteriza, rasgo distintivo unívoco que subraya la índole del artista.

En cualquier actividad artística la originalidad no sólo resulta engañosa, recurrente y envuelta en fácil demagogia (aunque ya posee carta de naturaleza y es asimilada con gratuidad impertinente), sino que además se encuentra empolvada de petulancia y en sus propios términos es falaz.

En el arte, la generación de un conflicto procura precisamente el engendramiento del deseo, el cual no es mera representación sensual del misterio de la vida, sino, como espíritu evidente del mismo, la fuerza de la materia: el deseo es la corporeización de su vacío desde la radical necesidad de negarlo, de negar ese vacío.

Las artes concebidas no como un fin en sí mismas, sino como mediadoras entre las ideas y el mundo expuesto en ellas han contribuido decisivamente a la comprensión de unas y otro, lo cual no ha impedido, empero, su simultánea aportación a la dilatación del abismo entre ambos y al ahondamiento en el misterio de ambos.

La labor artística hay que considerarla no como un ejercicio descriptor de realidades independientes, sino como un exponente estético de lo que el artista entiende por existencia. El arte, en sus diversas manifestaciones y disciplinas, es —sin dudarlo— vida que se expresa en los diferentes lenguajes que la concretan y, a su vez, la hacen más compleja.

No se crea el lenguaje a partir de la palabra misma según un arbitrio individual, sino a partir del contenido simbólico del signo que lo representa. Y así fue desde el principio.

Los dioses fueron revelados en los signos del arcano; libres en principio de toda divinidad, aunque llegados del más antiguo pasado, tales dioses fueron quizá solamente hombres sustraídos a la gravedad humana, a la verdad humana, pero nunca al deseo, ni a la magia, ni al enigma.

El verdadero paisaje reside en la íntima traducción de una analogía emocional que advierte en la naturaleza el definitivo reflejo del espíritu propio. Es decir, el verdadero paisaje no es el paisaje admirado, sino el paisaje vivido, el paisaje sentido.

Aprehender la realidad personal y las causas que conforman y desencadenan el conflicto interior es indispensable como fundamento de la palabra poética que aspira a ser más que palabra. Lo trascendental es, pues, el conflicto.

Creed en las palabras que surgen como el último fogonazo previo a su extinción, pues perseveran en su fuerza oculta, en el ímpetu de su dicción y en la potencia de su significado dentro de una combinatoria siempre expuesta a la luz, a la iluminación, a la revelación alquímica de su semántica malabar.

El «Yo es otro» (*Je est un autre*) de Rimbaud fue formulado ya por Montaigne desde su torre alabastrina: *l'Étrange c'est moi*; es decir, el extraño, lo extraño, soy yo. Pues bien, se cita siempre a Rimbaud y nunca a Montaigne.

El poema de Paul Celan «La muerte en fuga» representa la refutación estética de la afirmación histórica de Theodor

Adorno: «después de Auschwitz no es posible escribir poesía».

Todos los actos poéticos se subordinan al fin supremo de gozar de la palabra en armonía, en luz asombrosa, enriqueciéndola, así, como fruto eugenésico de ese connubio.

La estética no es un sistema cerrado de dogmas o creencias, sino una actitud subjetiva ante el fascinante espectáculo del mundo y de la vida como memoria del tiempo, como reposo de la fatiga intelectual o como renacimiento.

Al poetizar la realidad de las cosas sensibles que nos parecen reales, nos encontramos con que son así, en efecto reales, pese a tener que asignarles un substrato ideal: éste es el modo de llegar a la suprema realidad ontológica con la que dotamos a las cosas (la de *ser*, y no la de parecer) y escapar de las redes del materialismo liberal, negativo y estéril.

Hoy no es posible la épica porque los hechos se presentan simultáneos a su narración y descritos por una imagen en directo; no hay tiempo para narrar poéticamente el pasado «extra-ordinario»: se aniquila, así, el mito y, con él, su leyenda. El tiempo es, pues, el único mediador épico.

¿Podemos sentir los acontecimientos actuales con la misma emoción poética del misterio con la que lo sentían en su tiempo los hombres que crearon la leyenda y sus secretos?

Como buena madre contradictoria, la literatura es el vaso progenitor del embaimiento; y revelar hasta qué punto esta mentira es verdadera constituye ya un asunto central que ha de tratar la exégesis estética.

En un discurso oral, el tiempo se presenta como un pasado en general de los actos de la palabra, un antes no datable de enunciados irrepetibles. En un discurso escrito, el pasado lo constituye el acto susceptible de la corrección y lo convierte —aunque hipotético— en un permanente regreso al pasado.

Escribir es (ocupar un) espacio en el tiempo.

Hablo hoy de un lenguaje que hinque sus raíces en el lenguaje mismo, pero que vaya extendiéndolas hasta otras manifestaciones expresivas multiformes en las que quepan los modos de pensar y de vivir, pero no los estilos de vida, ni los hábitos impuestos, ni la calificación política del bien y del mal, ni la compra-venta de los deseos, de los anhelos, de las aspiraciones objetuales, ni los términos de la posesión como garantía de vida.

No existe dolor en el silencio; el silencio es el límite entre conocer(se) y desconocer(se). El silencio es un cicatrizante, pues la escritura es la que hiere en tanto toda expresión del saber supone un sacrificio, una autoinmolación, y todo saberse un dolor.

Desechar el prejuicio de un yo hondamente lírico, honestamente humano que dé cuenta de la importancia capital de la palabra cuando vierta su ecumenismo. Ese yo será la savia, el latido, el pulso de un prolífico discurrir verbal que constate su fertilidad.

Una crítica social distanciada; es decir, ni lacrimógena, ni dramática, ni emponzoñada de angustioso tremendismo, resulta más efectiva en su propósito si se sustenta en la parodia.

Si el misticismo ha de cobrar acabada forma material en contra de su pura e intangible expresión verbal, ese misticismo es el carnal.

La abstracción es intrínseca a la naturaleza; la materia original es en sí misma abstracta. El arte únicamente es capaz de representarla, de ahí que el arte sea un medio ineficaz para la obtención de otros objetivos.

El misticismo emerge de una conciencia de soledad, una soledad especular que se mira a sí, en su tiempo, y se descubre como soledad esencial.

La linealidad en el espacio y en el tiempo es el argumento abstracto de la escritura, pues, en efecto, escribir ha de definirse como la construcción de un espacio en el tiempo, y este hecho ya no es abstracto; es concreto.

Una consciente restitución de las cosas a su lugar de origen, de las bestias a su hábitat, del ciclo vital a su medio natural, una, en fin, identificación del espíritu con las cosas, con su morfología y su zoomorfismo. En esto consiste el neoecologismo: una actualización del animismo.

El fatalismo del héroe clásico, la aceptación de su destino, implica la aceptación de lo inevitable y en esa asunción está la fuerza moral del héroe, en ella reside su valor, con ella se identifica el carácter heroico.

Nada es comprensible si no pasa por el entendimiento del espíritu. La naturaleza no sería comprendida si la concibiéramos como un objeto sólo observable, descriptible y reproducible; es necesario convertirla en sujeto de diálogo.

La cultura occidental se asienta en las conjeturas especulativas de la civilización griega y en el orden racional de la civilización romana. Grecia fundó la filosofía; Roma, el derecho.

El verdadero misticismo consiste en tratar al sujeto como una entidad inmaterial cuya visibilidad epifánica sólo puede fundarse en la palabra que lo administra.

La palabra no era, desde luego, una condición *ab natura* del ser humano, sino que formó parte de su aprendizaje. Si la palabra fue el resultado de una deducción inteligente que lo definía imperativamente como superior frente a los demás seres animados, su conducta instintiva lo disuadía. El verbo apareció para equilibrar su barbarie.

Es tal la deficiencia actual en el empleo de la lengua que al uso correcto, a la precisión semántica del léxico se los tacha de crípticos.

La palabra, la risa y el mito son los tres atributos que nos significan y definen como seres humanos. Dos son apéndices de la conciencia; la risa es una expresión *nullum verbum* del pensamiento.

Al oráculo le sobra una «o» para convertirse en locura; la misma «o» que a la locura le falta para ser oráculo. Reza el dicho popular que los locos siempre dicen la verdad.

Horror vacui: la naturaleza no soporta el vacío —ha dicho Aristóteles. El arte primigenio no es, en consecuencia, más que *labe super rupes* («una mancha en la roca»), pero en una roca *vacía*. El neandertal precedió a Aristóteles en este punto.

La actividad artística es un hecho no contingente, sino esencial, perteneciente a la naturalidad de un pensamiento ya educado en la estética a partir de la atávica atracción del hombre por su entorno social y natural.

Toda redacción poética se apoya en la oposición del medio de la naturaleza y de las cosas frente al del intelecto, al de la comprensión no de la razón sólo, sino también de la imaginación y de la fantasía que destilan tanto la adquisición del lenguaje como su semántica y su conjugación estética posterior.

Todo autoritarismo es indeseable, pero lo es más en el ámbito de la libertad máxima que constituye y exige el espacio estético.

No se construye el texto crítico a partir de una simple visualización de lo evidente (aunque este gesto, claro está, no se excluye). Lo que destacará una forma crítica fresca, renovada, será precisamente el desvelo de lo no evidente, un ensayo de constatación instintiva y deductiva de un hecho que se encuentra *—dominio premi—* implícito en todas las obras.

La crítica artística deberá apuntar más allá del objeto y más allá de lo representado; se hallará en el ámbito de lo que los creacionistas franceses llamaron *passage*, una suerte de tránsito, una especie de arco que sirve de base al talante sensitivo del artista.

El artista proyecta, medita, idea... hasta que, por fin, redime a su obra ejecutándola: se trata del paso de la posibilidad a lo tangible. Esta acción abre un precipicio para quienes piensan hondamente en el misterio de la vida, para quienes se entregan a todo debate que tenga por objeto lo desconocido.

En fotografía, es el ojo que encuadra el que ve la fuerza inmensa, el que ve la plenitud, el que comprende la hondura y la plétora de las emociones que le inducen a tomar la instantánea, desde ese instante, ya eterna.

Si hablamos de estética, la belleza reside en la verdad y ambas se sienten recíprocas poseedoras de la otra, como esa flor que emana su más delicada fragancia a la primera caricia del sol, instante en que, al cortarla y, tras aspirarla hasta embriagarse, se arroja con delicadeza en la memoria.

Afirma el simbolismo estructural que «para cierta intuición mística de lo fenoménico, el mundo dado aparece como un telón que oculta la visión de lo verdadero y lo profundo»; pero el mundo nos ha sido dado al azar (*un coup de dés*), y el azar representa, por excelencia, la holganza de los dioses. El mundo, por lo tanto, es una conjetura divina que provoca la eterna y axiomática incertidumbre que padece el ser humano.

La estética no es más que un encaje bordado en el tul del misterio, en el hondo secreto de lo verdadero. Sólo la claridad de la imaginación delirante y el sueño del anhelante ojo de quien quiere ver es capaz de desvelarlo. Lo sencillo es *mirar*; *ver* es lo complejo. *Admiramos* la superficie; sin embargo, *advemos* lo profundo.

Un ejercicio estético personal es afín a la huida, es una heterodoxa evasión ética frente a cualquier invasión de los modelos convencionales. Porque este ejercicio propio establece la censura disuasoria y singular del que *ve* entre la pluralidad de ajenas *admiraciones*. Este ejercicio de ejercicios es, en fin, el que más se aproxima a la verdad.

Arte es todo aquello que por incomprendido nos enfurece o que, por su modestia sublime, nos hiere.

Toda pintura desprovista de alegorías, de símbolos, de descripciones, entendiéndolos —como cabe sólo entenderlos cuando nos referimos a la pintura— en su presentación figurativa, queda abandonada a la abstracción.

La crítica de arte de los 70, instada en 1974 por Harold Williams desde el Museo J. Paul Getty, acuñó la frase «en arte, la línea es la escritura de la forma», axioma más que representativo de que la nomenclatura censora caminaba hacia la ofuscación. Hecha la línea, cuyo *statu* geométrico se define como infinito, toda planificación teórica tendente a explicar la forma dispone de un campo de actuación análogo al *statu* geométrico de la línea. Pero esta postura no hace más que retomar y actualizar el primitivo principio de la libertad artística instaurado por el arte rupestre.

Los límites del arte no se encuentran en la imaginación, ni en la experiencia emocional, ni en la inspiración, ni siquiera en la experiencia de vida o en la experiencia de la práctica formal. Los límites del arte se encuentran en el lenguaje, y el lenguaje de la pintura es la pintura misma, una sintaxis y lexicografía morfocromáticas.

Con personajes como Donald Trump, la paletería y el mal gusto de la estética estadounidense, aferrada a las úlceras de la hamburguesa, del *ketchup*, del *sweet plastic bread* y a los tópicos de *Flanagan*, de *Mary Ann*, de «Yeison»... y de *Johnny*, ha vuelto (si es que alguna vez la había abandonado) a una cultura del desperdicio, del espíritu plano, del *gun language*.

La sabiduría se alcanza a través de una soledad fundamentada en la acción, dinámica, cuya finalidad no es otra que encontrar los rasgos que darán expresión a la visión interior del hombre, al fondo espiritual de la vida y del mundo.

La palabra es el medio para expresar el espíritu de los hombres; es decir, todo lo que se encuentra más allá de su naturaleza; sentimos los mensajes y les buscamos una causa, pero éstos nos resultan ajenos y los interpretamos con nuestros medios en un intento por alejar la realidad intangible o por humanizar lo que interpretamos como sobrenatural.

El lenguaje, cualquiera que sea su objeto expresivo, exige códigos formales reconocibles; de lo contrario, se precipita al abismo de la falacia y del vacío.

La lengua no es sino un arbitrario artificio interpuesto entre la conciencia y el mundo codificado al servicio de una inteligencia léxica selectiva.

A lo largo del tiempo, el mito —a través del logos— se ha conformado en una historia paradigmática. Cuando no es así, el mito constituye una realidad que podría ser. Quimera, por ejemplo, es imposible, pero es hoy una realidad cultural inequívoca.

En las artes representativas, alcanzar la técnica necesaria requiere abundantes años de dedicación y experiencia. Y una práctica ennoblecida por su alto grado retórico.

La escultura nos revela el vacío que oculta lo lleno; la pintura, para construir otro espacio, debe destruir el espacio original.

La fantasía es la réplica inmediata de la razón, y ésta, tan severa y excluyente, indujo al ser humano a convertirse en poseedor de la mentira para mostrar otra verdad (así se crearon los mitos).

Debemos recuperar la belleza en todas sus formas por ser precisamente eso, bellas, no por cuál sea su origen o verosimilitud.

Debemos recuperar el mundo de la magia y de la fantasía basándonos en una certeza indiscutible: que es mentira.

Debemos reconquistar el mundo del mito y de su leyenda, ricos, profusos y generosos en embaimientos y en hermosura contra la austeridad gris y el gozo opaco de una ética ortodoxa arraigada en la senil defensa del pragmatismo.

El arte de la caverna surge en el reposo de la caverna, en el espacio interior, en el tránsito de la reflexión, en el espacio del fuego; sin embargo, tiene su fundamento en la acción, en el espacio exterior, el de la disputa, en el espacio de la caza, en el espacio del frío. Ese arte es el de la movilización del fuera al dentro opuesta a la del pensamiento moderno sustentado en un dentro que se expresa en el fuera.

En toda actividad artística («creativa») prevalece —tal vez oculto e inconsciente— un deseo final: el de reconocerse como ser humano frente a cualquier otra definición abstracta.

Otros títulos de
Manuel Martínez-Forega
en Pregunta Ediciones

Poesía
Litiasis

Crítica literaria
El viaje exterior. Ensayos censores IV
El viaje exterior. Ensayos censores V

Traducción
Los poetas malditos, de Paul Verlaine
Vidrieras, de Laurent Tailhade